Reinventando a las Organizaciones con Inteligencia Emocional

Nancy M. García
Mariela Di Mauro

Índice

Introducción

Este libro tiene un propósito y es una invitación para que exploraremos la Reinvención de las Organizaciones" con herramientas de la "Inteligencia Emocional".
Abordando una gestión emocional de forma consciente y sosteniendo una nueva forma de concebir y gestionar las organizaciones, se puede lograr transformar la manera en que trabajamos y colaboramos.

El paradigma tradicional de gestión y liderazgo en las organizaciones ya no es el mismo que era hace 50 años. La evolución natural ha dado paso una visión que busca transformar la forma en que las empresas operan y como trabajan las personas en equipo. Esto ha dado lugar a la "Reinvención de las Organizaciones". Y con ella se reconoce que la "Inteligencia Emocional" es una competencia clave para el liderazgo efectivo y el bienestar en el lugar de trabajo.

Las organizaciones actuales se basan en principios como tener un claro propósito, autogestionarse, fomentar la toma de decisiones distribuida y dejar de depender de las estructuras jerárquicas. Este escenario es el que da paso a la inteligencia emocional siendo ésta la capacidad de reconocer y comprender nuestras propias emociones y las de los demás y gestionarlas de manera efectiva en las diferentes situaciones que se presenten.

Saber gestionar la Inteligencia Emocional favorece el liderazgo consciente y fomenta una cultura de confianza, transparencia y colaboración en las organizaciones reinventadas. Ayuda a que los empleados se empoderen y asuman un papel más activo en su desarrollo profesional y los impulsa a contribuir al logro de los objetivos organizacionales.

En este libro, veremos cómo la Inteligencia Emocional puede ayudar a construir una conexión más significativa entre los miembros de la organización que comparten valores y objetivos. Asimismo, exploraremos cómo la inteligencia emocional es fundamental para la resolución constructiva de conflictos y el trabajo en equipo, tan necesario en nuestros días.

Está diseñado para inspirar a líderes, gerentes y empleados a desarrollar su inteligencia emocional y utilizarla como una herramienta poderosa para el cambio y la transformación positiva en sus organizaciones.

Esperamos que encuentres en estas páginas una guía práctica para integrar la inteligencia emocional en el camino hacia una empresa más consciente, colaborativa y exitosa.

CAPÍTULO I

Reinventando a las Organizaciones

En este capítulo, exploraremos en profundidad el concepto de "Reinventando a las Organizaciones" y cómo esta visión revolucionaria ha surgido como respuesta a los desafíos y demandas cambiantes del entorno empresarial actual.

¿Qué significa "Reinventando a las Organizaciones"?

"Reinventando a las Organizaciones" es una perspectiva innovadora propuesta por Frederic Laloux en su libro homónimo. Esta visión busca transformar la forma en que tradicionalmente se han estructurado y gestionado las organizaciones. Laloux describe un nuevo paradigma organizacional basado en el color "Teal", que representa una evolución significativa en comparación con los modelos jerárquicos tradicionales (Rojo, Ámbar,

Naranja y Verde).

Las organizaciones Teal se caracterizan por tener una estructura más plana y descentralizada, donde la toma de decisiones se distribuye entre los equipos y los miembros de la organización.

Se enfocan en el propósito más profundo de la empresa y en satisfacer las necesidades y aspiraciones de todas las partes interesadas, no sólo en maximizar las ganancias de los accionistas.

Una visión holística: Teal Organizations

Las organizaciones Teal se basan en una visión holística que reconoce a la organización como un organismo vivo, en lugar de una máquina o una estructura rígida. Esta perspectiva ve a los empleados como individuos completos con habilidades, talentos y capacidades únicas, en lugar de meros engranajes en la maquinaria empresarial.

En un enfoque Teal, se promueve la autenticidad y la

autogestión, lo que permite a los empleados tener una mayor libertad para expresar su creatividad y tomar decisiones responsables.

La jerarquía tradicional se disuelve en favor de un enfoque más colaborativo y horizontal, donde la toma de decisiones se realiza de manera distribuida y en función de la experiencia y el conocimiento relevante de cada individuo.

Características y principios de las organizaciones reinventadas

Las características claves que distinguen a las organizaciones reinventadas y los principios fundamentales que guían su funcionamiento son:

1. Autogestión: Las organizaciones Teal fomentan la autogestión, lo que implica empoderar a los empleados para tomar decisiones y asumir la responsabilidad de su trabajo sin una supervisión excesiva. Esta autonomía y confianza en los empleados permite una mayor agilidad y adaptabilidad frente a los desafíos cambiantes.

2. Pluralidad de Estructuras: Las estructuras organizacionales Teal son más flexibles y adaptables, permitiendo que emerjan diferentes estructuras en función de las necesidades y objetivos específicos de cada proyecto o equipo.

3. Propósito más Profundo: Estas organizaciones se

enfocan en un propósito más significativo y trascendente que va más allá de la simple maximización de beneficios. El propósito actúa como una guía para las acciones y decisiones de la organización.

4. Plenitud del Ser Humano: Las organizaciones Teal reconocen y valoran la plenitud del ser humano, brindando espacio para el desarrollo personal y profesional de los empleados, y fomentando un equilibrio entre la vida laboral y personal.

5. Transparencia y Confianza: La apertura y la transparencia en la comunicación son fundamentales para la cultura de las organizaciones Teal. Esto crea un ambiente de confianza y colaboración, donde los empleados se sienten seguros para expresar sus ideas y preocupaciones.

Ventajas y beneficios de adoptar este enfoque

Adoptar el enfoque Teal y reinventar a las organizaciones puede ofrecer una serie de beneficios significativos:

- Mayor agilidad y adaptabilidad para enfrentar los desafíos del entorno empresarial en constante cambio.
- Mejora en la satisfacción y el compromiso de los empleados, al brindarles autonomía y la

oportunidad de contribuir activamente al propósito de la empresa.

- Incremento en la innovación y la creatividad, al fomentar un ambiente propicio para la colaboración y la expresión de ideas.
- Mejora en la toma de decisiones, al distribuir la autoridad en equipos autogestionados con mayor conocimiento y experiencia en temas específicos.
- Fortalecimiento de la cultura organizacional, basada en la confianza, la transparencia y la cohesión en torno a un propósito compartido.

Para que te lleves

Las organizaciones Teal son empresas que se basan en el principio de autogestión, plenitud y evolución, y que ponen a las personas en el centro de la gestión.

Las características principales de las organizaciones Teal son la descentralización, la confianza, la responsabilidad, el compromiso, la proactividad y la creatividad de los empleados.

Buurtzorg es un ejemplo de una empresa que sigue el modelo Teal. Se trata de una organización de enfermería domiciliaria en Holanda que tiene más de 15.000 empleados y que funciona sin jefes, departamentos ni presupuestos.

Para mayor información pueden visitar: **https://www.buurtzorg.com/**

Una comparación entre las ventajas y los desafíos de las organizaciones Teal frente a las organizaciones tradicionales son la mayor adaptación al cambio, la mayor satisfacción de los clientes y los empleados, la mayor innovación y rentabilidad, pero también la mayor dificultad para implementar el modelo, la mayor necesidad de formación y desarrollo personal, y la mayor resistencia al cambio por parte de algunos actores.

En conclusión, reinventar a las organizaciones mediante la adopción del enfoque Teal representa una nueva forma de concebir el trabajo y el liderazgo. Las características y principios de las organizaciones Teal, sumados a los beneficios que ofrece, están revolucionando la forma en que operamos en el ámbito empresarial y cómo nos relacionamos en el lugar de trabajo. El siguiente capítulo explorará cómo la inteligencia emocional se integra en este contexto y cómo puede potenciar la transformación hacia organizaciones más conscientes y exitosas.

CAPÍTULO II

Inteligencia Emocional en el Liderazgo

En el presente capítulo, profundizaremos en la importancia de la Inteligencia Emocional en el liderazgo consciente y cómo esta habilidad influye en el desarrollo de líderes efectivos y comprometidos en las organizaciones reinventadas.

Definición de Inteligencia Emocional

La Inteligencia Emocional se refiere a la capacidad de reconocer, comprender y gestionar las emociones propias y de los demás de manera efectiva.

Es una habilidad clave que va más allá del coeficiente intelectual y tiene un impacto significativo en la forma en que los líderes se relacionan con su equipo, toman decisiones, resuelven conflictos y enfrentan desafíos en el entorno laboral.

La Inteligencia Emocional se compone de varias competencias emocionales, que incluyen la autoconciencia, la autorregulación, la empatía, la habilidad social y la motivación emocional. Estas competencias trabajan en conjunto para permitir a los líderes entender mejor sus propias emociones y las de los demás, y utilizar esta información de manera positiva y constructiva.

Habilidades emocionales clave para el liderazgo consciente

En el contexto de las organizaciones reinventadas, el liderazgo consciente se basa en la IE para fomentar un ambiente de trabajo saludable y colaborativo. Algunas habilidades emocionales clave para los líderes conscientes incluyen:

1. Autoconciencia: Los líderes emocionalmente inteligentes son conscientes de sus propias emociones, fortalezas y debilidades. Esta autoconciencia les permite ser auténticos y transparentes en su liderazgo, lo que genera confianza y credibilidad entre los miembros del equipo.

2. Autorregulación: La capacidad de autorregularse emocionalmente es esencial para los líderes conscientes. Esto implica manejar el estrés, la frustración y otras emociones negativas de manera constructiva, evitando reacciones impulsivas que puedan afectar el ambiente laboral.

3. Empatía: La empatía es fundamental para comprender las emociones y perspectivas de los demás. Los líderes emocionalmente inteligentes son capaces de ponerse en el lugar de sus empleados, lo que les permite responder a sus necesidades y preocupaciones de manera más comprensiva.

4. Habilidad Social: La habilidad social implica la capacidad de construir y mantener relaciones laborales sólidas. Los líderes emocionalmente inteligentes son excelentes comunicadores y escuchan activamente a su equipo, fomentando una comunicación abierta y efectiva.

5. Motivación Emocional: Los líderes conscientes están impulsados por una motivación interna y un sentido de propósito más allá de los incentivos externos. Esta motivación emocional les permite inspirar y motivar a su equipo, estableciendo metas compartidas y manteniendo una cultura centrada en el propósito.

Pero...¿Cómo la Inteligencia Emocional impacta en la toma de decisiones y el empoderamiento de los equipos?

La Inteligencia Emocional también juega un papel crucial en la toma de decisiones de los líderes conscientes. Al tener una mayor comprensión de las emociones y su influencia en el proceso de toma de decisiones, los líderes pueden evitar decisiones impulsivas basadas en emociones negativas y, en cambio, tomar decisiones más equilibradas y racionales.

Además, los líderes emocionalmente inteligentes empoderan a sus equipos, brindándoles la autonomía y responsabilidad para tomar decisiones relevantes en sus áreas de expertise. Esto fomenta un ambiente de confianza y respeto, donde los empleados se sienten valorados y motivados para contribuir al logro de los objetivos organizacionales.

Ejemplos de líderes con inteligencia emocional exitosa

A lo largo de la historia, hemos visto ejemplos de líderes con una inteligencia emocional exitosa que han dejado una huella positiva en sus organizaciones y en el mundo. Líderes como Nelson Mandela, quien demostró empatía, comprensión y perdón, o Ángela Merkel, conocida por su habilidad para tomar decisiones informadas y equilibradas, son ejemplos de cómo la inteligencia emocional puede influir en el liderazgo efectivo y la transformación positiva.

Nelson Mandela fue un líder político y social de Sudáfrica que luchó contra el apartheid y se convirtió en el primer presidente negro de su país. Fue galardonado con el Premio Nobel de la Paz en 1993 por su papel en la transición pacífica a la democracia. Mandela es considerado un símbolo de la reconciliación, la libertad y la dignidad humana.

En conclusión, la Inteligencia Emocional es una competencia clave en el liderazgo consciente y en la gestión de organizaciones reinventadas. Los líderes emocionalmente inteligentes pueden cultivar un ambiente de trabajo positivo y colaborativo, tomar decisiones más equilibradas y empoderar a sus equipos para alcanzar el éxito colectivo. En la próxima sección exploraremos cómo fomentar una cultura de confianza y apertura mediante la integración de la inteligencia emocional en las organizaciones reinventadas.

CAPÍTULO III

Creando una Cultura de Confianza y Apertura

En este capítulo, examinaremos cómo la Inteligencia Emocional juega un papel fundamental en la creación de una cultura de confianza y apertura en las organizaciones reinventadas. Veremos cómo esta cultura puede fortalecer los lazos entre líderes y empleados, promover la comunicación efectiva y fomentar un ambiente laboral donde la colaboración y el crecimiento sean una prioridad.

La importancia de la confianza en las organizaciones reinventadas

La confianza es un pilar fundamental en las organizaciones Teal y en cualquier entorno laboral saludable. La inteligencia emocional es esencial para construir y mantener la confianza en el lugar de trabajo, ya que los líderes emocionalmente inteligentes son auténticos, transparentes y coherentes en sus acciones y decisiones. Estas cualidades inspiran confianza en los empleados y generan un ambiente donde se sienten seguros para expresar sus ideas y opiniones sin temor a represalias.

Cómo la Inteligencia Emocional fomenta la transparencia y la comunicación efectiva

La transparencia es un elemento clave de la cultura de confianza en las organizaciones reinventadas. Los líderes emocionalmente inteligentes son abiertos y honestos en su comunicación, compartiendo información relevante y manteniendo a todos los miembros del equipo informados sobre los asuntos importantes. La inteligencia emocional ayuda a los líderes a comprender cómo sus acciones y comunicaciones afectan a los demás, lo que les permite adaptar su estilo de comunicación para garantizar que se comprenda claramente el mensaje.

Además, la inteligencia emocional facilita la empatía y la escucha activa, habilidades esenciales para la comunicación efectiva. Los líderes emocionalmente inteligentes no solo se preocupan por transmitir sus ideas, sino que también están dispuestos a escuchar y comprender las perspectivas y necesidades de los demás. Esta comunicación bidireccional promueve una cultura de apertura y colaboración en la organización.

Crear un ambiente de confianza para el feedback y la mejora continua

La inteligencia emocional es vital para fomentar un ambiente de confianza que apoye la retroalimentación constructiva y la mejora continua. Los líderes emocionalmente inteligentes ven el feedback como una oportunidad para aprender y crecer, en lugar de percibirlo como una crítica personal. Esta actitud receptiva hacia el feedback alienta a los empleados a compartir sus opiniones y contribuciones de manera abierta y honesta.

En una cultura de confianza, el feedback se convierte en una herramienta poderosa para identificar áreas de mejora, reconocer logros y estimular la innovación. Los líderes emocionalmente inteligentes utilizan la inteligencia emocional para manejar las emociones durante el proceso de retroalimentación, asegurándose de que el mensaje se entregue de manera constructiva y no amenazante.

Casos de estudio de organizaciones con culturas de confianza

Se han documentado varios casos de estudio de organizaciones que han creado culturas de confianza y apertura mediante la integración de la inteligencia emocional en su liderazgo y estructura organizativa. Ejemplos notables incluyen empresas como Google, Zappos y Patagonia, que han cultivado culturas donde los empleados se sienten valorados, empoderados y motivados para contribuir al éxito colectivo.

En estas organizaciones, los líderes han demostrado un alto nivel de inteligencia emocional al escuchar activamente a sus empleados, brindar retroalimentación constructiva y mantener una comunicación abierta y transparente. Esta cultura de confianza ha llevado a un mayor compromiso y satisfacción de los empleados, lo que a su vez ha impulsado la productividad y el éxito empresarial.

En conclusión, la Inteligencia Emocional es un componente esencial para crear una cultura de confianza y apertura en las organizaciones reinventadas. La inteligencia emocional permite a los líderes ser auténticos y transparentes, fomentar la comunicación efectiva y promover un ambiente donde el feedback es valorado y utilizado para la mejora continua.

Una cultura de confianza y apertura beneficia a toda la organización, fortaleciendo las relaciones laborales, mejorando la colaboración y estimulando la innovación. Los líderes emocionalmente inteligentes pueden cultivar este tipo de cultura, generando un ambiente de trabajo más positivo y comprometido, lo que contribuye al éxito a largo plazo de la organización.

CAPÍTULO IV

Autogestión y Empoderamiento

En este capítulo, profundizaremos en el concepto de autogestión y empoderamiento en las organizaciones reinventadas y cómo la Inteligencia Emocional desempeña un papel fundamental en la promoción de esta cultura de trabajo más autónoma y participativa.

¿Qué es la autogestión en las organizaciones reinventadas?

La autogestión es un enfoque organizativo que otorga a los empleados un mayor grado de autonomía y responsabilidad en su trabajo. En las organizaciones reinventadas, la autogestión se basa en la idea de que los individuos y los equipos tienen la capacidad de tomar decisiones informadas y colaborar para alcanzar sus objetivos sin la necesidad de una supervisión jerárquica constante. La inteligencia emocional juega un papel esencial en la autogestión, ya que permite a los empleados comprender y regular sus emociones, lo que influye en cómo toman decisiones, resuelven problemas y se relacionan con sus compañeros.

La inteligencia emocional como facilitadora de la autogestión

La inteligencia emocional es una competencia clave para empoderar a los empleados a tomar la iniciativa y asumir la responsabilidad de su trabajo. Algunos aspectos de la inteligencia emocional que fomentan la autogestión incluyen:

1. Autoconciencia: Los empleados emocionalmente inteligentes son conscientes de sus fortalezas, debilidades y desencadenantes emocionales. Esto les permite tomar decisiones más informadas al capitalizar sus habilidades y buscar apoyo en áreas donde puedan necesitarlo.

2. Autorregulación: La capacidad de autorregular las emociones permite a los empleados mantener la calma y la objetividad en situaciones desafiantes, lo que les permite tomar decisiones más equilibradas y efectivas.

3. Empatía: La empatía es esencial para la autogestión, ya que permite a los empleados comprender las emociones y necesidades de los demás. Esto fomenta un ambiente de trabajo colaborativo y de apoyo mutuo.

4. Comunicación Efectiva: La inteligencia emocional facilita la comunicación abierta y transparente entre los empleados, lo que promueve la confianza y la colaboración en la toma de decisiones y la resolución de problemas.

Fomentar un ambiente de autogestión

Para fomentar un ambiente de autogestión en las organizaciones, es fundamental que los líderes cultiven la IE tanto en sí mismos como en sus equipos. Algunas estrategias para fomentar la autogestión incluyen:

1. Definir una Visión Compartida: Establecer una visión clara y compartida permite a los empleados alinear sus objetivos individuales con los de la organización, lo que fomenta la autogestión hacia el logro de metas comunes.

2. Brindar Apoyo y Recursos: Los líderes deben brindar a los empleados las herramientas y recursos necesarios para llevar a cabo su trabajo de manera autónoma y efectiva. Al mismo tiempo, deben estar disponibles para brindar apoyo y orientación cuando sea necesario.

3. Fomentar la Toma de Decisiones Colaborativa: Involucrar a los empleados en la toma de decisiones relevantes para su trabajo les brinda un sentido de pertenencia y empoderamiento. Los líderes deben valorar y considerar las aportaciones de su equipo al tomar decisiones importantes.

4. Reconocer y Celebrar el Éxito: Reconocer y celebrar los logros y esfuerzos de los empleados refuerza su sentido de logro y contribuye a una cultura de apreciación y reconocimiento mutuo.

Impacto positivo de la autogestión y empoderamiento

La autogestión y el empoderamiento de los empleados tienen un impacto significativo y positivo en las organizaciones reinventadas. Algunos de los beneficios incluyen:

1. Mayor Motivación y Compromiso: Los empleados que tienen un mayor grado de autonomía y responsabilidad en su trabajo están más comprometidos y motivados, lo que se traduce en un mayor rendimiento y satisfacción laboral.

2. Mayor Agilidad y Adaptabilidad: La autogestión permite a los equipos tomar decisiones rápidas y flexibles en respuesta a los cambios del entorno empresarial, lo que aumenta la agilidad organizacional.

3. Incremento de la Creatividad e Innovación: Los empleados empoderados tienen la libertad de explorar nuevas ideas y enfoques, lo que fomenta la creatividad y la innovación en la organización.

4. Desarrollo del Liderazgo Interno: La autogestión brinda la oportunidad de desarrollar líderes internos en la organización, ya que los empleados tienen la posibilidad de asumir roles de liderazgo y responsabilidad.

Cómo la Inteligencia Emocional empodera a los empleados para tomar decisiones responsables

La Inteligencia Emocional permite a los empleados desarrollar una mayor autoconciencia y autorregulación emocional, lo que les capacita para tomar decisiones más conscientes y responsables. Al entender sus emociones y cómo estas influyen en sus pensamientos y comportamientos, los empleados pueden tomar decisiones más equilibradas y considerar las implicaciones de sus acciones en ellos mismos y en otros. La inteligencia emocional también fomenta la empatía y la capacidad de tener en cuenta las necesidades y perspectivas de los demás al tomar decisiones, lo que contribuye a un enfoque más ético y responsable.

Implementar la autogestión con éxito

Para implementar la autogestión con éxito, las organizaciones deben fomentar una cultura que valore la autonomía y la responsabilidad de los empleados. Esto incluye brindarles las herramientas y recursos necesarios para tomar decisiones informadas, así como establecer límites y objetivos claros para guiar su autogestión. Es fundamental promover la confianza entre los líderes y los empleados, lo que permite a estos últimos tomar decisiones sin temor a represalias en caso de equivocarse. La formación en inteligencia emocional y la capacitación en habilidades de autogestión también son importantes para proporcionar a los empleados las habilidades y conocimientos necesarios para asumir la responsabilidad de su propio trabajo y desarrollo profesional.

En conclusión, la autogestión y el empoderamiento son elementos esenciales en las organizaciones reinventadas, y la inteligencia emocional es una herramienta poderosa para promover esta cultura de trabajo más autónoma y colaborativa. Los líderes emocionalmente inteligentes fomentan un ambiente de confianza, apoyo y reconocimiento, lo que permite a los empleados asumir la responsabilidad y tomar decisiones informadas en su trabajo. Esto contribuye al desarrollo de una cultura organizacional más sólida y resiliente, donde los empleados pueden alcanzar su máximo potencial y contribuir al éxito a largo plazo de la organización.

Para que te lleves

El empoderamiento y la autogestión en una empresa son conceptos que se refieren a la capacidad de los trabajadores de tomar decisiones, asumir responsabilidades, resolver problemas y participar activamente en el desarrollo de la organización.

Estos conceptos implican un cambio en la cultura y el estilo de liderazgo de la empresa, que pasa de ser jerárquico y autoritario a ser horizontal y participativo.

Algunos beneficios del empoderamiento y la autogestión en una empresa son: mejorar la satisfacción, el compromiso y la motivación de los trabajadores, aumentar la productividad, la calidad y la innovación, y favorecer el aprendizaje, el desarrollo y la adaptación al cambio.

En conclusión, la autogestión y el empoderamiento son elementos esenciales en las organizaciones reinventadas, y la inteligencia emocional es una herramienta poderosa para promover esta cultura de trabajo más autónoma y colaborativa.

Los líderes emocionalmente inteligentes fomentan un ambiente de confianza, apoyo y reconocimiento, lo que permite a los empleados asumir la responsabilidad y tomar decisiones informadas en su trabajo. Esto contribuye al desarrollo de una cultura organizacional más sólida y resiliente, donde los empleados pueden alcanzar su máximo potencial y contribuir al éxito a largo plazo de la organización.

CAPÍTULO V

Colaboración y Trabajo en Equipo

En este capítulo, exploraremos cómo la Inteligencia Emocional promueve la colaboración y el trabajo en equipo efectivo en las organizaciones reinventadas fomentando un entorno donde la diversidad de ideas y perspectivas se valora y se utiliza para la innovación y el éxito empresarial. Veremos cómo la inteligencia emocional permite a los miembros del equipo comprender y gestionar sus emociones, promoviendo un ambiente de respeto, confianza y apoyo mutuo que favorece la creatividad y la resolución de problemas de manera colaborativa.

La colaboración como pilar de las organizaciones reinventadas

En las organizaciones reinventadas, la colaboración y

el trabajo en equipo son fundamentales para enfrentar los desafíos complejos y dinámicos del entorno empresarial actual. La colaboración efectiva permite a los empleados combinar sus habilidades y conocimientos para alcanzar metas comunes, lo que resulta en soluciones más innovadoras y creativas.

La inteligencia emocional es una competencia esencial para promover la colaboración y el trabajo en equipo, ya que facilita la comunicación efectiva, la empatía y la resolución constructiva de conflictos. Los líderes emocionalmente inteligentes fomentan un ambiente donde los empleados se sienten valorados y escuchados, lo que aumenta la motivación y el compromiso con los objetivos compartidos.

Cómo la inteligencia emocional fomenta la colaboración

La inteligencia emocional fomenta la colaboración en varios aspectos clave:

1. Empatía: La empatía es esencial para comprender las perspectivas y necesidades de los demás. Los empleados emocionalmente inteligentes pueden ponerse en el lugar de sus colegas, lo que facilita la comunicación y la resolución de problemas en equipo.

2. Comunicación Efectiva: Permite a los empleados expresar sus ideas de manera clara y respetuosa, lo que facilita la comprensión mutua y evita malentendidos.

3. Gestión de Conflictos: Ayuda a los miembros del equipo a manejar los conflictos de manera constructiva, buscando soluciones que beneficien a todos los involucrados y fortalezcan las relaciones laborales.

4. Reconocimiento y Aprecio: Los empleados emocionalmente inteligentes valoran y reconocen las contribuciones de sus colegas, lo que fomenta un ambiente de apoyo y colaboración.

Promoviendo la diversidad y la inclusión en los equipos

La inteligencia emocional también desempeña un papel crucial en la promoción de la diversidad y la inclusión en los equipos de trabajo. Los líderes emocionalmente inteligentes valoran la diversidad de ideas, perspectivas y habilidades, y fomentan un ambiente donde todos los miembros del equipo se sientan respetados y valorados.

La inteligencia emocional permite a los líderes y empleados superar sesgos y prejuicios, lo que favorece un ambiente inclusivo donde cada individuo puede contribuir plenamente con su potencial y talento. La inclusión fomenta la creatividad y la innovación, ya que las diferentes perspectivas se combinan para generar soluciones más completas y efectivas.

Desarrollando Habilidades de Colaboración en los Equipos

Para fomentar la colaboración y el trabajo en equipo efectivo, es importante desarrollar habilidades específicas en los miembros del equipo. Algunas estrategias para mejorar las habilidades de colaboración incluyen:

1. Establecer Metas y Objetivos Claros: Tener objetivos compartidos brinda una dirección clara para el equipo y aumenta la motivación para trabajar juntos hacia el logro de dichas metas.

2. Fomentar la Comunicación Abierta y Honesta: Los líderes deben crear un ambiente donde los empleados se sientan seguros para expresar sus ideas y preocupaciones sin temor a represalias.

3. Practicar la Escucha Activa: La escucha activa es fundamental para comprender plenamente las perspectivas y necesidades de los demás. Los empleados deben aprender a escuchar con atención y sin interrupciones.

4. Construir Confianza: Los líderes deben fomentar la confianza en el equipo a través de una comunicación clara y transparente, y cumpliendo con los compromisos y responsabilidades acordadas.

Una colaboración efectiva en los equipos aporta una

serie de beneficios, entre ellos:

1. Mayor creatividad e innovación: La diversidad de ideas y perspectivas en el equipo estimula la creatividad y la generación de soluciones innovadoras.

2. Mejor Toma de Decisiones: La colaboración permite que los miembros del equipo combinen sus conocimientos y habilidades para tomar decisiones más informadas y equilibradas.

3. Aumento de la Satisfacción Laboral: Un ambiente de colaboración y apoyo mutuo contribuye a la satisfacción y el bienestar de los empleados.

4. Mayor Productividad y Eficiencia: Los equipos colaborativos pueden resolver problemas de manera más rápida y eficiente, lo que aumenta la productividad organizacional.

Cómo la inteligencia emocional facilita la comprensión mutua y la resolución de conflictos

La inteligencia emocional juega un papel crucial en la colaboración y el trabajo en equipo, ya que permite a los miembros del equipo comprender y gestionar sus emociones, facilitando así una comunicación efectiva y una empatía genuina entre ellos.

La comprensión mutua y la resolución de conflictos se ven favorecidas por la inteligencia emocional, ya que los miembros del equipo pueden comunicarse de manera más efectiva, escuchar activamente y comprender las perspectivas y necesidades de sus compañeros. Esto fomenta un ambiente de respeto y confianza que permite abordar los desacuerdos y tensiones de manera constructiva, encontrando soluciones que beneficien a todos los involucrados.

Fomentar la creatividad y la innovación a través del trabajo en equipo

La inteligencia emocional promueve la creatividad y la innovación en los equipos, alentando un ambiente donde se valora la diversidad de ideas y perspectivas. Los equipos emocionalmente inteligentes practican la escucha activa, valoran la retroalimentación constructiva y se sienten seguros para compartir ideas sin temor a ser juzgados. Esto estimula la generación de soluciones novedosas y la mejora continua en el trabajo del equipo.

En conclusión, la Inteligencia Emocional es una competencia fundamental para promover la colaboración y el trabajo en equipo efectivo en las organizaciones reinventadas. La inteligencia emocional facilita la empatía, la comunicación efectiva y la gestión constructiva de conflictos, lo que fomenta un ambiente de respeto, confianza y apoyo mutuo.

Los líderes emocionalmente inteligentes desempeñan un papel esencial en la promoción de la colaboración, fomentando una cultura de diversidad e inclusión y brindando el apoyo necesario para desarrollar las habilidades de colaboración en sus equipos.

CAPÍTULO VI

Conexión con el Propósito y Valores

En este capítulo, examinaremos cómo la Inteligencia Emocional influye en la conexión de los empleados con el propósito y los valores de la organización en el contexto de las organizaciones reinventadas. Veremos cómo la inteligencia emocional permite a los líderes y empleados alinear sus acciones y decisiones con la misión y los valores de la empresa, lo que fomenta un sentido de significado, identidad y compromiso con los objetivos compartidos.

La importancia de la conexión con el propósito y valores

En las organizaciones reinventadas, la conexión con el propósito y valores es fundamental para crear un sentido de pertenencia y compromiso entre los empleados. Un propósito claro y valores compartidos proporcionan una dirección y una base ética para las acciones y decisiones de la organización. La inteligencia emocional juega un papel crucial en la promoción de esta conexión, ya que permite a los líderes y empleados comprender y abrazar la misión y los valores de la empresa a un nivel emocional.

Cómo la inteligencia emocional fomenta la conexión con el propósito

La inteligencia emocional fomenta la conexión con el propósito de varias formas:

1. Autoconciencia: Permite a los empleados reconocer sus propias motivaciones, pasiones y valores. Al comprender sus objetivos personales, pueden alinearlos con el propósito organizacional y encontrar un mayor sentido de significado en su trabajo.

2. Empatía: La empatía facilita la comprensión de las necesidades y aspiraciones de los demás, lo que ayuda a los empleados a comprender el propósito colectivo de la organización y cómo sus acciones contribuyen al logro de ese propósito.

3. Comunicación Efectiva: Permite una comunicación clara y efectiva sobre el propósito y los valores de la organización. Los líderes emocionalmente inteligentes pueden transmitir la importancia del propósito de manera inspiradora, lo que conecta emocionalmente a los empleados con la misión de la empresa.

4. Coherencia y Congruencia: Los líderes emocionalmente inteligentes practican lo que predican al alinear sus acciones y decisiones con los valores de la organización. Esta coherencia y congruencia inspiran a los empleados a seguir su ejemplo y comprometerse con los valores organizacionales.

Alineando el propósito individual con el propósito organizacional

La inteligencia emocional también desempeña un papel importante en alinear el propósito individual de los empleados con el propósito organizacional. Los líderes emocionalmente inteligentes trabajan para comprender las motivaciones y aspiraciones de sus empleados, lo que les permite asignar tareas y responsabilidades que resuenen con el sentido de propósito individual de cada miembro del equipo.

Al alinear el propósito personal con el propósito organizacional, los empleados sienten que su trabajo tiene un significado más profundo y se comprometen de manera más significativa con los objetivos de la empresa. Esto resulta en empleados más motivados, productivos y comprometidos con el éxito colectivo.

La influencia de los valores organizacionales en la toma de decisiones

Los valores organizacionales también tienen un impacto significativo en la toma de decisiones de los empleados. La inteligencia emocional permite a los empleados comprender y abrazar los valores de la empresa, lo que influye en cómo abordan los desafíos y dilemas éticos en el lugar de trabajo.

Los líderes emocionalmente inteligentes promueven la toma de decisiones éticas alineadas con los valores organizacionales, lo que crea una cultura de integridad y responsabilidad. Los empleados se sienten más seguros al tomar decisiones sabiendo que están respaldados por una estructura de valores compartidos.

Beneficios de la conexión con el propósito y valores

La conexión con el propósito y valores de la organización aporta una serie de beneficios, entre ellos:

1. **Mayor Motivación y Compromiso:** Los empleados conectados emocionalmente con el propósito y valores de la organización están más motivados y comprometidos con su trabajo.

2. **Cultura Organizacional Sólida:** La conexión con el propósito y valores fomenta una cultura organizacional sólida, donde los empleados comparten un sentido de identidad y compromiso con los objetivos comunes.

3. **Atracción y Retención de Talento:** Las organizaciones con una misión y valores claros tienen más facilidad para atraer y retener a empleados que comparten esos mismos principios.

4. **Resiliencia Organizacional:** La conexión con el propósito y valores fortalece la resiliencia de la organización frente a desafíos y cambios, ya que los empleados están motivados a superar obstáculos para lograr los objetivos compartidos.

Motivación y compromiso en organizaciones conscientes

Las organizaciones conscientes son aquellas que van más allá del enfoque tradicional de maximizar las ganancias y adoptan un propósito más significativo y un compromiso con el bienestar de todos los stakeholders. En este contexto, la motivación y el compromiso de los empleados juegan un papel crucial en el éxito de la organización.

La inteligencia emocional desempeña un papel fundamental en la promoción de la motivación y el compromiso en las organizaciones conscientes, ya que permite a los líderes conectar emocionalmente con sus empleados y generar un ambiente donde se sientan valorados, inspirados y conectados con el propósito más profundo de la empresa.

La inteligencia emocional fomenta la motivación en los empleados de varias formas:

Comunicación Inspiradora: Los líderes emocionalmente inteligentes son capaces de comunicar la visión y el propósito de la organización de una manera inspiradora y auténtica. Esto motiva a los empleados a comprometerse con los objetivos de la empresa y a trabajar hacia ellos con entusiasmo.

Reconocimiento y Apreciación: La inteligencia emocional permite a los líderes reconocer y apreciar las contribuciones de sus empleados de manera genuina y oportuna. Este reconocimiento refuerza el sentido de valor y pertenencia, lo que aumenta la motivación para seguir dando lo mejor de sí.

Desarrollo de Metas Personales: Los líderes emocionalmente inteligentes trabajan con sus empleados para establecer metas personales alineadas con los objetivos organizacionales. Esto permite a los empleados encontrar significado y propósito en su trabajo diario, lo que resulta en una mayor motivación intrínseca.

Apoyo Emocional: Ayuda a los líderes a comprender las emociones y necesidades de sus empleados, lo que les permite brindar apoyo emocional cuando sea necesario. Un ambiente de apoyo y comprensión aumenta la motivación y el bienestar de los empleados.

Estudios de casos de organizaciones que conectan con un propósito más profundo

Existen numerosos estudios de casos de organizaciones que han conectado con un propósito más profundo y han logrado un alto nivel de motivación y compromiso entre sus empleados. Algunos ejemplos notables incluyen:

Patagonia: Esta empresa de ropa outdoor ha conectado con un propósito más allá de las ganancias financieras, centrándose en la sostenibilidad y el cuidado del medio ambiente. Sus empleados se sienten motivados y comprometidos con la misión de proteger el planeta, lo que ha contribuido al éxito sostenible de la empresa.

Whole Foods Market: Esta cadena de supermercados se ha centrado en promover alimentos saludables y sostenibles. Sus empleados están comprometidos con el propósito de mejorar la calidad de vida de sus clientes a través de la alimentación consciente.

TOMS Shoes: Esta empresa de calzado se ha comprometido a donar un par de zapatos a niños necesitados por cada par vendido. Los empleados se sienten inspirados por el propósito social de la empresa y trabajan con un alto nivel de motivación y compromiso.

Microsoft: Esta empresa de tecnología ha centrado su

propósito en empoderar a las personas y las organizaciones a través de la tecnología. Los empleados se sienten motivados por el impacto positivo que su trabajo puede tener en el mundo.

En conclusión, la Inteligencia Emocional es una habilidad esencial para fomentar la conexión de los empleados con el propósito y los valores de la organización en las organizaciones reinventadas. La inteligencia emocional permite a los líderes y empleados comprender y abrazar el propósito organizacional a un nivel emocional, lo que aumenta el sentido de significado y compromiso con los objetivos compartidos.

Al alinear el propósito individual con el propósito organizacional y tomar decisiones basadas en los valores de la empresa, los empleados se sienten más motivados y comprometidos con su trabajo. Esto contribuye a la creación de una cultura organizacional sólida y resiliente, donde los empleados se sienten parte de algo más grande y están dispuestos a trabajar juntos para alcanzar el éxito a largo plazo de la organización.

CAPÍTULO VII

Transformación hacia el Futuro

En este capítulo, exploraremos la importancia de la Inteligencia Emocional en la transformación hacia una organización reinventada. Se presentarán estrategias para implementar la inteligencia emocional en la transformación organizacional, superar los desafíos en esta transición y destacar los beneficios a largo plazo tanto para la empresa como para sus empleados. También analizaremos las perspectivas sobre el futuro de las organizaciones conscientes y emocionalmente inteligentes en el entorno empresarial.

Estrategias para implementar la inteligencia emocional en la transformación organizacional

La implementación de la inteligencia emocional en la transformación organizacional requiere un enfoque estratégico y un compromiso de liderazgo. Algunas estrategias clave incluyen:

1. Desarrollo de Liderazgo Emocionalmente Inteligente: Los líderes deben ser el ejemplo a seguir en el desarrollo de la inteligencia emocional La capacitación y el desarrollo de habilidades emocionales en los líderes les permiten promover una cultura organizacional basada en la empatía, la comunicación efectiva y el respeto.

2. Integración de la Inteligencia Emocional en la Gestión del Cambio: La gestión del cambio puede ser desafiante para los empleados, y la inteligencia emocional puede ayudar a abordar las preocupaciones y resistencias emocionales que surgen durante el proceso de transformación. La comunicación abierta y la escucha activa son fundamentales para mantener a los empleados comprometidos y motivados durante el cambio.

3. Creación de un Ambiente de Aprendizaje Emocional: Fomentar una cultura de aprendizaje emocional, donde los empleados se sientan seguros para explorar y expresar sus emociones, promueve un ambiente de crecimiento personal y profesional. La capacitación en inteligencia emocional y el coaching emocional pueden facilitar este proceso.

4. Integración de la Inteligencia Emocional en la Toma de Decisiones y Resolución de Problemas: La inteligencia emocional puede enriquecer la toma de decisiones y la resolución de problemas, permitiendo a los equipos considerar las implicaciones emocionales y sociales de las decisiones. El análisis racional combinado con la comprensión emocional resulta en decisiones más equilibradas y efectivas.

Superando los desafíos en la transición hacia una organización reinventada

La transformación hacia una organización reinventada puede enfrentar desafíos significativos. Algunos de estos desafíos incluyen:

1. Resistencia al Cambio: Los empleados pueden sentirse inseguros o temerosos ante la incertidumbre de la transformación organizacional. La inteligencia emocional es una herramienta poderosa para abordar y superar esta resistencia, permitiendo a los líderes comprender y responder a las preocupaciones emocionales de los empleados.

2. Cambio Cultural: La transformación organizacional a menudo implica un cambio cultural significativo, lo que puede requerir tiempo y esfuerzo para que los empleados se adapten a una nueva forma de trabajar. La inteligencia emocional puede ayudar a crear una cultura de apertura, confianza y colaboración, lo que facilita la adopción de los nuevos valores y comportamientos organizacionales.

3. Comunicación Efectiva: La comunicación clara y efectiva es esencial durante la transformación organizacional. La inteligencia emocional permite a los líderes comunicarse con empatía y autenticidad, lo que aumenta la comprensión y el compromiso de los empleados con el proceso de cambio.

4. Gestión del Estrés y la Ansiedad: La transformación organizacional puede generar niveles de estrés y ansiedad entre los empleados. La inteligencia emocional les permite gestionar estas emociones y mantener un equilibrio emocional durante el proceso de cambio.

Beneficios a largo plazo para la empresa y sus empleados

La implementación de la inteligencia emocional en la transformación hacia una organización reinventada conlleva numerosos beneficios a largo plazo:

1. Mayor compromiso y satisfacción laboral: Los empleados que se sienten valorados y comprendidos están más comprometidos y satisfechos con su trabajo, lo que se traduce en una mayor retención de talento y una mayor productividad.

2. Cultura de innovación y creatividad: La inteligencia emocional fomenta un ambiente de confianza y colaboración, lo que estimula la creatividad y la innovación en la empresa. Los empleados se sienten más seguros para compartir ideas y tomar riesgos, lo que lleva a soluciones más creativas y a la mejora continua.

3. Resiliencia organizacional: La inteligencia emocional ayuda a las organizaciones a ser más resilientes frente a los desafíos y cambios en el entorno empresarial. Los equipos emocionalmente inteligentes pueden adaptarse rápidamente a las nuevas condiciones y encontrar soluciones efectivas para mantenerse competitivos.

4. Mejora de la imagen de la empresa: Una organización que valora la inteligencia emocional y promueve una cultura consciente y emocionalmente inteligente atrae a clientes, inversores y talento de alta calidad, mejorando su reputación en el mercado.

Perspectivas sobre el futuro de las organizaciones conscientes y emocionalmente inteligentes

El futuro de las organizaciones conscientes y emocionalmente inteligentes es prometedor. A medida que la conciencia sobre la importancia de la inteligencia emocional en el lugar de trabajo continúa creciendo, más empresas reconocen los beneficios de cultivar una cultura organizacional basada en la empatía, la colaboración y el propósito compartido.

Se espera que las organizaciones que priorizan la inteligencia emocional sean más exitosas en la atracción y retención de talento, y en la adaptación a los desafíos cambiantes del entorno empresarial. Además, se anticipa que estas empresas tendrán un impacto más positivo en la sociedad y el medio ambiente, alineando sus acciones con un propósito más significativo y sostenible.

CONSIDERACIONES FINALES

Hemos explorado cómo la combinación de "Reinventando a las Organizaciones" y la "Inteligencia Emocional" puede llevar a una revolución en la forma en que trabajamos y lideramos. Al adoptar prácticas conscientes y fomentar una cultura emocionalmente inteligente, las organizaciones pueden prosperar en un mundo en constante cambio y crear entornos de trabajo más significativos, colaborativos y sostenibles para todos.

Hemos aprendido que la inteligencia emocional no sólo beneficia a los empleados en su crecimiento personal y profesional, sino que también tiene un impacto significativo en el éxito y la sostenibilidad de las organizaciones. Las empresas conscientes que priorizan la inteligencia emocional en sus operaciones y cultura organizacional se destacan por su capacidad para adaptarse al cambio, fomentar la creatividad, la innovación y generar un sentido de propósito más allá de las ganancias financieras.

A través de diversos ejemplos y estudios de casos, hemos sido testigos de cómo la inteligencia emocional ha transformado equipos de trabajo, impulsado proyectos exitosos y llevado a la consecución de metas ambiciosas. Hemos sido inspirados por líderes emocionalmente inteligentes que han sabido conectar con su equipo, generar confianza y motivación, y crear un ambiente de trabajo donde las personas pueden desarrollar todo su potencial.

El camino hacia una organización emocionalmente inteligente puede presentar desafíos y obstáculos, pero también ofrece una oportunidad única para el crecimiento y la mejora continua. A medida que el mundo empresarial evoluciona y enfrenta nuevos retos, la inteligencia emocional se vuelve aún más relevante y necesaria para el éxito sostenible de las organizaciones.

Así que, con este conocimiento en mente, te invito a seguir investigando y desarrollando tu Inteligencia Emocional, tanto como individuo o como líder dentro de tu organización. Cultivar la empatía, la autogestión, la comunicación efectiva y la resolución de conflictos no solo te beneficiará a ti, sino que también tendrá un impacto positivo en tus relaciones laborales, en el ambiente de trabajo y en el logro de los objetivos organizacionales.

Recuerda que el camino hacia la inteligencia emocional es un viaje sin fin, pero cada pequeño paso que des en esta dirección te acercará a un futuro más consciente, emocionalmente inteligente y exitoso. Que este libro sea solo el comienzo de tu compromiso con el desarrollo de la Inteligencia Emocional en la empresa y en tu vida.

¡Gracias por acompañarnos en esta travesía emocional y te deseamos mucho éxito en tu búsqueda por alcanzar una organización consciente, emocionalmente inteligente y con un propósito más profundo!

ACERCA DE LAS AUTORAS

Sobre Mariela Di Mauro co-founder de Workaup Consultora, es Contadora Pública Nacional con una amplia trayectoria en el ámbito de Recursos Humanos. Ha obtenido certificaciones en Scrum Master y Agile Coach, lo que demuestra su compromiso con enfoques innovadores y ágiles en la gestión de proyectos.

Se ha especializado como Operadora en Psicología Social y Terapeuta Gestáltica. Esta combinación singular de habilidades le permite comprender tanto los aspectos financieros como los humanos dentro de las organizaciones.

Su rol como cofundadora de Workaup Consultora refleja su pasión por el desarrollo personal y profesional de líderes impartiendo programas diseñados para potenciar las habilidades de liderazgo. Busca fusionar su experiencia en contabilidad y recursos humanos con metodologías ágiles y enfoques psicológicos para fomentar entornos laborales efectivos y de alto rendimiento.

Sobre Nancy García, co-founder de Workaup Consultora, es Licenciada en Economía Empresarial con mención en Gestión de Empresas. Su pasión por el liderazgo y la evolución empresarial la ha llevado a obtener una diplomatura en Transformación Digital, además de participar en programas ejecutivos de Marketing Digital y Community Manager.

Su compromiso con la adaptabilidad y la innovación se refleja en su misión en Workaup Consultora, donde se enfoca en la preparación de líderes para afrontar los desafíos cambiantes del mundo empresarial actual.

A través de la plataforma educativa online de Workaup, se dedica a equipar a profesionales con las habilidades técnicas necesarias y cultivar en ellos una mentalidad centrada en la inteligencia emocional, preparándolos para liderar en entornos empresariales dinámicos y en constante transformación.

BIBLIOGRAFÍA

- Laloux, F. (2014). Reinventing Organizations: A Guide to Creating Organizations Inspired by the Next Stage of Human Consciousness. Editorial Nelson Parker.

- Goleman, D., & Cherniss, C. (2001). Inteligencia emocional en el trabajo. Ediciones Kairos.

- The Arbinger Institute. (2010). Leadership and Self-Deception: Getting Out of the Box. Berrett-Koehler Publishers.

- Caruso, D. R., & Salovey, P. (2004). The Emotionally Intelligent Manager: How to Develop and Use the Four Key Emotional Skills of Leadership. Editorial Jossey-Bass.

57